VENTE DU MERCREDI 1er AVRIL 1891

HOTEL DROUOT, SALLE Nº 3

MONTRES & BIJOUX

BOITES

OBJETS VARIÉS

DENTELLES

EXPOSITION PUBLIQUE

LE MARDI 31 MARS 1891

De 1 heure à 5 heures 1/2

Mᵉ PAUL CHEVALLIER
COMMISSAIRE-PRISEUR
10, rue de la Grange-Batelière, 10

M. CHARLES MANNHEIM
EXPERT
7, rue Saint-Georges, 7

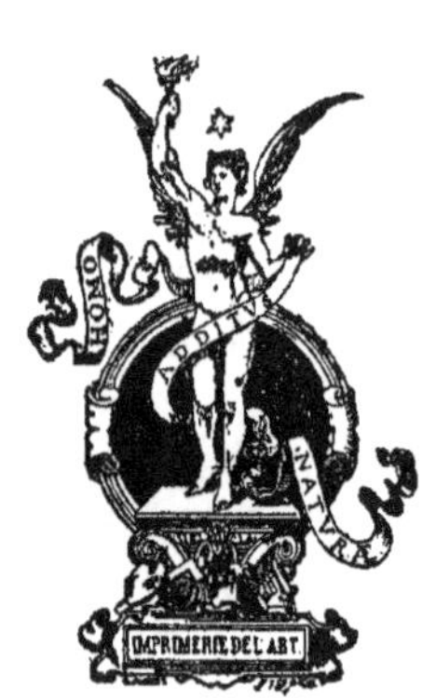

HOMO
NATVRA
IMPREMERE DEL ART

CATALOGUE

DES

MONTRES & BIJOUX

BOITES

OBJETS VARIÉS

DENTELLES

DONT LA VENTE AURA LIEU

HOTEL DROUOT, SALLE N° 3

Le Mercredi 1er Avril 1891

à deux heures

Mᵉ PAUL CHEVALLIER	M. CHARLES MANNHEIM
COMMISSAIRE-PRISEUR	EXPERT
10, rue de la Grange-Batelière, 10	7, rue Saint-Georges, 7

EXPOSITION PUBLIQUE

Le Mardi 31 Mars 1891, de 1 heure à 5 heures 1/2

CONDITIONS DE LA VENTE

La vente sera faite au comptant.

Les Acquéreurs paieront, en sus des adjudications, *cinq pour cent*, applicables aux frais.

L'Exposition mettant les acquéreurs à même de se rendre compte de l'état et de la nature des objets, il ne sera admis aucune réclamation une fois l'adjudication prononcée.

Paris. — Imprimerie de l'Art, E. MÉNARD ET Cie, 41, rue de la Victoire.

DÉSIGNATION DES OBJETS

MONTRES

1 — Montre Louis XV, à répétition, de *Lacorbière et Comp^ie*, à boîtier d'or gravé et partiellement émaillé ; la cuvette présente le sujet de Psyché et l'Amour ; fleurs jetées sur la lunette.

2 — Montre Louis XV, à répétition, de *Jodin, à Paris,* à boîtier d'or gravé et partiellement émaillé ; sur la cuvette, deux Enfants musiciens en grisaille.

3 — Montre de *Bordier, à Genève,* à boîtier d'or gravé et partiellement émaillé ; sur la cuvette est représentée la Descente d'une montgolfière.

4 — Montre Louis XVI, à répétition, de *Berthoud, à Paris,* à boîtier d'or gravé et partiellement émaillé ; sur la cuvette, médaillon contenant un amour encadré d'émail rose.

5 — Montre Louis XVI, de *Léger, à Paris,* à boîtier d'or gravé et partiellement émaillé ; sur la cuvette, en grisaille à fond bleu, le buste de Voltaire sculpté par une Muse.

6 — Montre Louis XVI, à boîtier d'or partiellement émaillé ; sur la cuvette, vase de fleurs sur fond émaillé bleu.

7 — Montre Louis XVI, d'*Antoine Demole, à Genève,* à boîtier d'or partiellement émaillé ; sur la cuvette, gerbe de fleurs et de plumes sur fond émaillé bleu.

8 — Montre Louis XVI, à répétition, de *Michau, à Paris,* à boîtier d'or émaillé bleu, avec fleurettes réservées en or.

9 — Montre Louis XVI, à savonnette, de *Desarts et Cie, à Genève,* à boîtier et couvercle d'or partiellement émaillé et orné de demi-perles, corbeille de fleurs et vase sur fond bleu empois.

10 — Montre Louis XVI, de *Léchopié, à Paris,* à boîtier d'or de couleurs partiellement émaillé bleu.

11 — Montre Louis XVI, de *Berthoud, à Paris,* à boîtier d'or gravé et partiellement émaillé, vase et entrelacs.

12 — Montre Louis XVI, de *Vauchez, à Paris,* à boîtier d'or de couleur gravé, orné de feuillages rehaussés d'émail.

13 — Montre Louis XV en or de couleurs : instruments de jardinage.

14 — Montre Louis XVI en or gravé : trophées d'instruments de musique.

15 — Montre Louis XVI en or gravé : trophées de carquois et d'instruments de musique.

16 — Montre Louis XVI en or de couleurs gravé : corbeille de fleurs et couronnes de feuillages.

17 — Montre à boîtier d'or uni.

18 — Grosse montre Louis XV en argent, de *Boisson, Lon-*

don, à boîtier extérieur en argent repoussé à motifs rocaille, avec médaillon émaillé : l'Escarpolette.

19 — Montre Louis XVI, de *Des Roches,* en argent émaillé ; sur la cuvette, scène galante.

20 — Montre Louis XVI en cuivre ; sur la cuvette, la Leçon de lecture, sujet peint en émaux de couleurs.

21 — Châtelaine Louis XVI en or, composée de médaillons émaillés sur les deux faces, à sujets pastoraux, reliés par des chaînettes ; spatule en argent doré.

22 — Châtelaine Louis XVI en or de couleurs, composée de deux médaillons émaillés à bustes de femmes et encadrés de fleurettes ajourées ; spatule en argent doré ; montre de *Dutertre, à Paris,* en or de couleurs, ornée sur le boîtier d'un portrait de femme émaillé.

23 — Châtelaine en cuivre, ornée d'un émail : personnage.

24 — Châtelaine en or avec glands émaillés bleu ; spatule en argent doré.

25 — Grosse montre Louis XIV en cuivre : sujet allégorique.

26 — Montre à remontoir en or.

BIJOUX

27 — Deux pièces : bracelet et broche en or, ornés chacun d'une opale avec encadrements de roses sur champ émaillé bleu.

28 — Deux pièces : bracelet et broche en or partiellement émaillé, ornés de perles, demi-perles et pierres de couleurs ; miniature : Portrait d'homme, sur la broche.

29 — Bracelet en or à gros maillons.

30 — Bracelet en or avec coulant orné d'un médaillon en jaspe.

31 — Petite montre plate en or.

32 — Deux boutons d'oreilles en or émaillé bleu, ornés chacun d'un brillant.

33 — Cinq pièces : deux boutons de manchettes doubles en or, petite croix en or ornée de pierres de couleurs, avec jaseran en or, chaîne de montre en métal et petit fragment en bas or.

34 — Parure en or et corail : broche et pendants d'oreilles.

35 — Broche en or, ornée d'une branche fleurie en roses et turquoises.

36 — Trois épingles de cravate, dont deux en or.

37 — Deux bagues anciennes en or.

38 — Bague à chaton pavé de cailloux du Rhin, montée argent et or.

39 — Trois bagues dont deux en argent avec chaton orné d'une grisaille, et une en argent à chaton orné d'un sujet en ivoire.

40 — Bague en or à chaton formé d'une miniature entourée de cailloux du Rhin.

41 — Bague en or à chaton formé d'une intaille : tête antique en sardonyx.

42 — Bague en or à chaton bordé de roses montées en argent.

43 — Broche pampilles en argent et roses.

44 — Pendant de cou en or orné d'une miniature : Jeune
Fille, avec entourage de perles.

45 — Croix Charlotte en argent ornée de roses.

46 — Broche en forme de croix en or ornée d'émeraudes et
de roses.

47 — Deux cachets en or en forme de chiens avec plaques
en lapis.

48 — Collier en argent doré orné de topazes blanches.

49 — Bague en or à chaton ovale orné d'une miniature :
Saint Georges.

50 — Deux bagues en or avec pierres de couleurs.

51 — Deux épingles de cravate : camée tête d'Hercule et
camée tête de femme, montés en or.

52 — Cachet Louis XVI en jaspe sanguin : figure de femme,
monté en or.

53 — Broche en argent pavée de cailloux du Rhin.

54 — Agrafe de manteau en argent : motifs rocaille en bas-
relief.

55 — Deux broches en or ornées d'un camée : tête d'empereur romain et buste de Michel-Ange.

56 — Pendant en or orné d'un camée : tête d'empereur
romain.

57 — Deux pendants en or, l'un avec intaille sur sardoine :

tête d'homme, l'autre avec intaille : figure de guerrier, sur jaspe.

58 — Pendant en or orné d'une intaille : personnage dans une barque.

59 — Broche formée d'une pièce de style grec en argent : tête d'Alexandre le Grand.

60 — Deux bagues en or, l'une à chaton formé d'un camée : Amour, avec entourage de roses; l'autre, à chaton en verre bleu orné de roses.

61 — Deux bagues en or, l'une à chaton formé d'un camée : tête de République; l'autre à chaton en verre bleu orné de roses.

62 — Deux bagues en or, l'une à chaton formé d'une intaille sur sardoine entourée de roses; l'autre, à chaton formé d'un rubis et de roses.

63 — Deux pièces : pelote cerclée en argent et cachet en argent avec poignée de fer et étui de bois.

64 — Deux boucles en argent doré et topazes roses.

65 — Deux pièces : cœur flamand en argent orné de roses, et broche en argent ornée d'une peinture sur émail avec entourage de marcassites.

66 — Broche en or ornée de deux miniatures : Portraits de femmes avec entourage de perles.

67 — Deux pièces : épingle de coiffure en or et roses montée en écaille, et pendant de cou en argent et perles orné d'une peinture sur émail : Amours.

68 — Épingle normande en or.

69 — Trois pièces en argent ornées de verroteries : instruments de la Passion : la lance et l'éponge, le marteau et la tenaille.

70 — Médaillon émaillé sur or sur les deux faces : Bustes de saintes femmes.

71 — Deux miniatures ovales, dont l'une Empire : Portraits de femmes ; l'une dans un cadre de cuivre.

72 — Petite plaque en cuivre émaillé : la Fileuse.

73 — Pendant de cou de forme rectangulaire, à angles coupés, en argent, doublé au revers d'une mince plaque d'or et orné d'une miniature : Enfants dans un parc.

74 — Deux boutons de manchettes doubles, en or gravé.

75 — Bague en or, à chaton orné de perles.

76 — Quatre pièces en or gravé : agrafes.

77-78 — Quatre boutons de manchettes en or, dont deux ornés de grosses perles de corail.

79 — Deux pièces : alliance en or et médaille de mariage en argent.

80 — Deux perles poires blanches démontées.

81 — Perle noire démontée.

82 — Petite croix ancienne en or ajouré, avec Christ d'un côté et Vierge de l'autre, en or, partiellement émaillé.

83 — Chaînette composée de petits médaillons d'or émaillé.

84 — Médaillon ovale émaillé, orné d'une miniature : Portrait de femme, et de petites perles.

BOITES ET ÉTUIS

85 — Bonbonnière ronde Louis XVI, en poudre d'écaille lie de vin, cerclée or.

86 — Bonbonnière ronde Louis XVI, en écaille noire, cerclée en cuivre ; sur le couvercle, miniature : Portrait de général.

87 — Boîte ronde en écaille ornée d'une miniature : Portrait de jeune fille.

88 — Boîte ronde en écaille: Portrait de jeune fille.

89 — Boîte lobée en argent émaillé. Travail du Tonkin.

90 — Boîte ronde en écaille. ornée d'un émail : deux personnages.

91 — Boîte ronde en écaille piquée d'or, ornée d'une miniature : Jeune Fille aux deux colombes.

92 — Bonbonnière rectangulaire en émail de Battersea : Paysage en carmin sur fond bleu.

93 — Deux bonbonnières rectangulaires en émail de Battersea : Paysages sur fond bleu et amours sur fond vert.

94 — Deux bonbonnières rectangulaires en émail d'Allemagne : Personnages.

95 — Deux étuis en argent gravé. Époque Louis XIV.

96 — Petite bonbonnière ovale en cristal de roche, montée en argent doré et émaillé.

97 — Étui cylindrique légèrement renflé, en porcelaine dure, à fleurs et personnages et cerclé en argent doré.

98 — Étui cylindrique à deux ouvrants, décoré en vernis, à personnages sur fond rouge.

99 — Étui cylindrique en poudre d'écaille noire cerclé or, à deux ouvrants.

100 — Étui cylindrique cerclé or, décor au vernis Martin de raies vertes et noires alternées. Il est doublé d'écaille.

101 — Deux étuis plats, l'un en galuchat, l'autre en cuir noir garni en argent.

102 — Flacon à odeurs en cristal, avec bouchon en argent partiellement doré surmonté d'un petit groupe d'enfants.

103 — Boîte rectangulaire en bas or gravé.

OBJETS VARIÉS

104 — Miroir de forme contournée, dans un cadre rocaille en argent.

105 — Nécessaire de toilette en argent, à motifs rocaille, comprenant une brosse, une brosse à habits, un tire-boutons et une lime à ongles, dans un écrin.

106 — Nécessaire de toilette en argent en forme de poisson : il est muni de ses ustensiles dont quelques-uns en argent.

107 — Deux pièces : brosse à poudre et brosse à habits en argent.

108 — Tire-bouchons en argent. Époque Louis XIV.

109 — Pendule en forme d'édicule, en bois de violette avec figurines en bronze et petits médaillons émaillés.

110 — Clef de montre en or à entrelacs.

111 — Crucifix en bois incrusté de nacre et d'écaille, avec Christ en ivoire sculpté. XVIIᵉ siècle.

112 — Petit couteau à manche de jade gris, avec incrustations d'or et extrémité ornée de pierres de couleurs ; lame en argent.

113 — Petit modèle de harpe en cuivre gravé et nacre, sur socle formant boîte à musique.

114 — Volant en Chantilly. 7 mètres environ.

115 — Volant en Alençon. 7 mètres environ.

116 — Garniture de robe en Alençon.

117 — Petite coupe de dentelle.

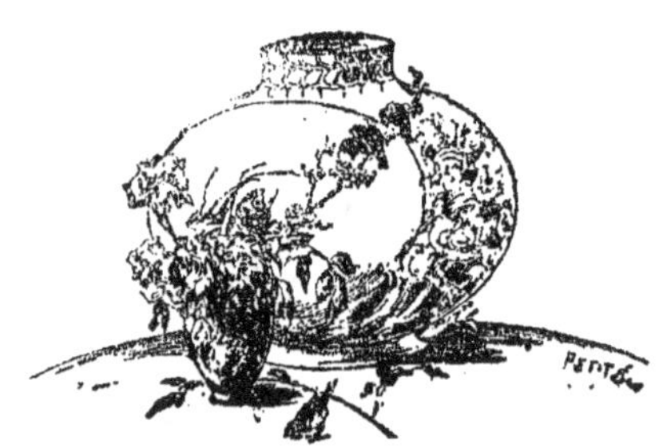